le traitement des

LE VERRE

écrit par Veronica Bonar
illustré par Tony Kenyon

GAMMA • ÉCOLE ACTIVE

Dépôt légal : mars 1998. Bibliothèque nationale.
ISBN 2-7130-1837-4.

Exclusivité au Canada :
Éditions École Active
2244, rue de Rouen, Montréal, Qué. H2K 1L5.
Dépôts légaux : 2e trimestre 1998.
Bibliothèque nationale du Québec,
Bibliothèque nationale du Canada.
ISBN 2-89069-572-7.

Pour l'autorisation de reproduire les photographies, les éditeurs remercient :
The Environmental Picture Library p.13 (Charlotte MacPherson) ; Robert Harding Picture Library p.8, p.21 ; Courtesy of the Museum of London p.24 ; Oxford Scientific Films p.14 (Mike Birkhead), p.17 (Steffen Hauser) ; Science Photo Library p.19 (Heini Schneebeli) ; Zefa p.7, p.11, p.26.

Loi n° 49-956 du 16 juillet 1949
sur les publications destinées à la jeunesse.

Produced in the E.C.
by ***Partenaires-Livres***® / cl
on SCA paper

Sommaire

L'utilisation du verre

Le verre est un matériau dur. On le lave facilement et on le conserve propre.
Il ne s'use pas et ne rouille pas.
Les objets en verre sont de toutes formes, des plus jolies aux plus utiles.
Mais la qualité principale du verre est sa **transparence.**
Le verre est employé pour un grand nombre d'objets : les bouteilles, les miroirs, les ampoules électriques. Nous retrouvons le verre dans les vitres, les écrans de télévision, les loupes, les appareils photos, les longues vues.

Avec le verre, nous fabriquons des flacons, des verres pour boire, des pots de confiture. Les récipients en verre sont plus résistants que ceux en plastique. Le verre ne casse pas et ne fond pas aussi facilement que le plastique.

Le verre est un des matériaux les plus utilisés, mais il est souvent jeté après son emploi. Chaque famille met aux ordures l'équivalent de quatre à cinq bouteilles toutes les semaines.

▲ Les bouteilles et les bocaux vides se cassent quand on les jette.

Fabriquer le verre

Dans l'Antiquité, les Égyptiens furent les premiers à fabriquer le verre. Ils découvrirent qu'en faisant chauffer ensemble du sable et des cendres, le mélange donnait ce matériau transparent que nous appelons le verre. Chaud, ce mélange était en **fusion**, mais il devenait très dur en refroidissant.

▼ Les peintures égyptiennes de l'Antiquité montrent des coupes de verre servant à boire.

Aujourd'hui, les **matières premières** utilisées dans la fabrication du verre sont presque identiques à celles utilisées par les Égyptiens : le sable, la soude et le calcaire. Le verre résulte de la fonte de ce mélange dans des fours à de très hautes températures, entre 1300 °C et 1500 °C. Le mélange en fusion est **visqueux**, mais se durcit en refroidissant. Avant qu'il ne soit complètement solide, on peut le travailler afin de lui donner différentes formes.

Les verriers habiles réalisent à la main les verres creux : gobelets, bouteilles, flacons et autres. Avec de longs tubes, ils soufflent dans une boule de verre en fusion et lui donne la forme désirée. Les usines fabriquent mécaniquement ces verres creux dans des moules. Les verres plats, vitres et miroirs, sont élaborés par **laminage** d'une mince coulée de verre en fusion entre des rouleaux. Si l'on étire un fil, à partir d'un creuset de verre en fusion, on peut obtenir un tube très mince et très long. C'est ainsi que l'on fabrique les tubes des thermomètres.

Le verre fondu peut être étiré en **fibres** moins épaisses qu'un cheveu. On utilise des couches de fibres de verre sous les toits des maisons pour conserver la chaleur. Les fibres de verre sont aussi associées à du plastique pour la fabrication de matériaux durs. Ces matières remplacent les métaux ou le bois dans de nombreuses applications : cannes à pêche, carrosseries de voiture... De longs **câbles** de fibres de verre très fines, les **fibres optiques**, sont employés par les télécommunications pour transporter les sons et les images sur de longues distances.

▲ La lumière est transportée, à partir d'une source, par des fibres optiques.

Briser le verre

Si tu heurtes trop fort une vitre ou si tu laisses tomber un verre sur une surface dure, ils se brisent en morceaux. N'essaie jamais de ramasser des petits bouts de verre cassés : tu pourrais te couper ou t'enfoncer un éclat dans la peau. Évite aussi de marcher pieds-nus dans les endroits où se trouve du verre brisé.

▲ Sur les plages, le verre cassé est très difficile à repérer.

Si tu vois du verre brisé, demande à un adulte de le ramasser. Par précaution, il doit mettre des gants pour prendre les plus gros morceaux. Il passe ensuite le balai ou l'aspirateur afin d'enlever les petits éclats. Les morceaux de verre sont soigneusement emballés avant d'être jetés dans une poubelle, sauf s'il s'agit d'un conteneur réservé au verre usagé. Il faudrait éviter de blesser ceux qui collectent les déchets.

Les tessons de verre

Les bris de verre dans la nature sont très dangereux. Un **tesson** de bouteille sur la plage peut t'entailler le pied. Des éclats de verre dans un bois risque de blesser un animal.

Les bouteilles et les bocaux de verre que l'on jette sont de véritables pièges pour les insectes. Ils y pénètrent, attirés par des restes de nourriture. Mais ils ne peuvent en ressortir, car les parois sont trop lisses.

▲ Ce renard peut s'entailler les pattes.

Le verre est également responsable
d'un grand nombre de feux de forêt. Lorsque
les rayons du soleil frappent un tesson
de verre sur le sol, ils chauffent l'herbe
et les feuilles sèches qui se trouvent
en dessous, et peuvent alors les enflammer.
Chaque année, de nombreux hectares
de forêt sont ainsi détruits.

Le verre usagé

Pour se débarrasser du verre usagé, certains pensent qu'il faut le briser en petits morceaux et l'enterrer. Cependant, casser du verre peut se révéler dangereux. De plus, dans le sol, le verre ne pourrit pas comme les déchets alimentaires. Des tessons de verre seront retrouvés des centaines d'années après.

D'autres jettent leurs verres usagés dans les poubelles. Ces déchets sont ensuite ramassés devant les maisons et abandonnés dans les **décharges**. Les bouteilles, les bocaux et les autres récipients de verre y occupent beaucoup de place et les décharges s'emplissent vite. D'autres décharges sont alors nécessaires. De plus en plus de campagnes sont ainsi détruites, à mesure que les déchcts augmentent.

▲ Les verres usagés rempliront vite cette décharge.

Le gaspillage de l'énergie

Le verre est l'un des matériaux
les plus pesants dans les ordures
ménagères. Les camions,
qui transportent ces lourdes cargaisons
jusqu'aux décharges,
consomment donc beaucoup de gazole,
d'autant plus que ces décharges
sont souvent situées loin
des lieux d'habitation.

Les matières premières utilisées dans la fabrication du verre sont faciles à se procurer, donc à bon marché. Cependant, l'extraction du sable et le transport des matières premières nécessitent une grande quantité de gazole. Et il faut davantage d'énergie pour faire fondre ces matières dans des fours.

▲ Le verre en fusion est si chaud dans le four qu'il devient blanc et jaune.

Recycler le verre

On rejette chaque année des milliards de bouteilles et de bocaux vides. Ils sont en général fabriqués avec du **verre allégé.** Trop fragiles pour être réutilisés plusieurs fois, ces récipients ne sont pas **consignés,** mais jetés après usage. De plus en plus souvent, on les dépose dans des conteneurs spéciaux. Ils sont collectés et recyclés pour donner un nouveau verre.

▲ Les bouteilles usagées de verre sont triées par couleur avant d'être recyclées.

Les récipients usagés en verre sont apportés à la verrerie. On les mélange à du verre en fusion dans les fours. Les tessons de verre fondent à une température plus basse que les matières premières utilisées pour le verre neuf, ce qui demande moins d'énergie. Le réemploi de cent kilogrammes de verre usagé permet d'économiser treize litres de gazole, ou suffisamment d'électricité pour éclairer une pièce pendant un an.

Trier les verres usagés

Il est très important de trier les verres usagés par couleur : transparents, bruns ou verts. Une petite quantité de verre brun mélangée à du verre transparent changerait la couleur du verre recyclé.
La nourriture et les médicaments sont en général conditionnés dans des récipients transparents, ce qui nous permet de voir ce qu'ils contiennent. Une bouteille verte nous donnerait l'impression que le ketchup est avarié.

Avant de recycler les récipients usagés de verre, il faut les nettoyer et les débarrasser de leur bouchon de plastique ou de métal. Si un matériau étranger se mélangeait au verre fondu, le verre recyclé serait plus fragile. Certains objets en verre, tels les vitres, les miroirs, les ampoules électriques, contiennent en plus des matériaux qui rendent le recyclage du verre difficile. Ne jette donc que des bouteilles et des récipients de verre dans un conteneur spécial verre.

Les bouteilles consignées

Auparavant, les bouteilles étaient fabriquées à la main. Elles coûtaient alors si cher qu'elles portaient un sceau indiquant le nom de leur propriétaire.
On ne jetait pas ces bouteilles.
Elles étaient lavées et réutilisées de nombreuses fois.
Certaines bouteilles fabriquées aujourd'hui dans des usines sont également conçues pour être réemployées.
On dit que ces verres sont consignés.

▲ Sur ces vieilles bouteilles, les sceaux indiquent le nom de leur propriétaire.

Lors de l'achat d'un produit contenu dans une bouteille consignée, cette dernière est payée et sera remboursée une fois rapportée vide.
Les bouteilles consignées sont plus épaisses et plus lourdes que celles en verre allégé. On les utilise pour les boissons. Avant de les remplir à nouveau, elles sont nettoyées et stérilisées. Elles sont conçues pour résister aux manipulations et aux chocs qui se produisent tout au long de la chaîne de remplissage.

Réutiliser le verre

▲ Ces pots de verre contiennent différentes sortes de moutarde.

Les récipients vides en verre
peuvent être réutilisés de différentes façons.
Leur esthétique les prédispose parfois
à un usage précis. Les pots de café
instantané sont souvent réemployés
comme bocaux. Certains pots de moutarde
sont également des verres à boire.
Quand tu fais des achats,
recherche plutôt ce genre de récipient.

Les récipients de verre vide servent
à bien d’autres usages. Un pot de confiture
du commerce conviendra tout naturellement
aux confitures ou aux cornichons faits
à la maison, ou encore deviendra un pot
d’eau lorsque tu peins à l’aquarelle.
Certains bocaux font de très beaux vases
à fleurs.
Des récipients en verre permettent
de confectionner des mini-serres
qui protègent et favorisent la croissance
des jeunes plantes.

Glossaire

bouteille consignée : Bouteille que le vendeur fait payer, mais s'engage à reprendre et à rembourser.

câble : Ensemble de fils tressés.

calcaire : Une variété de roche.

décharge : Lieu où on dépose les ordures.

énergie : Ce que possède un corps ou un système s'il est capable de produire un travail. Le corps humain a besoin de nourriture pour fournir de l'énergie. Les machines utilisent des combustibles pour effectuer un travail.

fibre : Brin long et fin comme un fil.

fibre optique : Fibre de verre utilisée pour transporter la lumière.

fusion : Passage d'un corps solide à l'état liquide sous l'action de la chaleur.

laminage : Opération consistant à obtenir des feuilles ou des lames en les comprimant fortement entre deux cylindres.

matière première : Élément brut utilisé pour une fabrication.

moule : Corps solide creux destiné à recevoir une matière pâteuse pour lui donner une forme qu'elle conservera en se solidifiant.

recycler : Faire quelque chose de neuf à partir d'éléments déjà utilisés.

soude : Produit obtenu en brûlant un métal blanc appelé sodium.

stériliser : Nettoyer pour débarrasser de tous les germes.

tesson : Débris d'un objet de verre.

transparence : Qualité d'un objet qui laisse passer la lumière et au travers duquel on voit distinctement.

verre allégé : Verre peu épais, plus léger et moins solide.

visqueux : Qui est mou et s'écoule avec difficulté.

Index